ウェストミンスター小教理問答

日本キリスト改革派教会公認訳

教文館

目次

凡例

一　底本は、ウェストミンスター神学者会議が一六四八年四月一四日に議会両院に提出した聖句付き初版である（*The Westminster Standards, An Original Facsimile by The Assembly of Divines*, New Jersey: Old Paths Publications, 1977 所収）。

二　底本では問答に番号は付されていないが、便宜上番号を入れた。また底本では引証聖句はアルファベットで表示されているが、問答ごとの数字で代用した。

三　底本の引証聖句は King James Version によるものである。それゆえ、該当箇所が『聖書　新共同訳』と異なる場合は、［　］内に『聖書　新共同訳』の箇所を記した。

四　本文中の（　）は原文のままであるが、［　］は訳者の註記である。

五　この公認訳は、袴田康裕訳『ウェストミンスター小教理問答』（第二版、教文館、二〇一九年）を修正したものである（修正箇所は別記のとおり）。修正された翻訳が、二〇二二年一一月一五日（第七七回年度第一回定期大会）と、二〇二三年六月二二日（第七七回年度第二回定期大会）に可決され、日本キリスト改革派教会公認訳として承認された。

ウェストミンスター小教理問答（一六四八年）

問1 人間の主要《しゅよう》な目的は何ですか。

答 人間の主要な目的は、神の栄光をたたえ、(1) 永遠に神を喜ぶことです。(2)

(1) Ⅰコリ10・31、ロマ11・36
(2) 詩73・24－28

問2 どうしたら神の栄光をたたえ、永遠に神を喜ぶことができるかについて、神は、わたしたちを教え導くために、どのような規範《きはん》を与えられましたか。

答 旧新約聖書に含まれている神の言葉(1)は、どうしたら神の栄光をたたえ、永遠に神を喜ぶことができるかについて、わたしたちを教え導く唯一の規範です。(2)

(1) Ⅱテモ3・16、エフェ2・20
(2) Ⅰヨハ1・3－4

問3 聖書はおもに何を教えていますか。

答 聖書はおもに、人間が神について何を信じなければならないか、また、神は人間にどのような義務を求めておられるかを教えています。(1)

(1) Ⅱテモ1・13、3・16

問4 神とは何ですか。

答 神は、その存在、(1)知恵、(2)力、(3)聖、(4)義、いつくしみ、まこと(5)において、無限、(6)永遠、(7)不変(8)の霊(9)です。

(1) 出3・14
(2) 詩147・5
(3) 黙4・8
(4) 黙15・4
(5) 出34・6－7
(6) ヨブ11・7－9
(7) 詩90・2
(8) ヤコ1・17
(9) ヨハ4・24

問5 ひとりより多くの神が存在しますか。

答 ただひとりの神だけがおられます。それは、生けるまことの神です(1)。

(1) 申6・4、エレ10・10

問6 神「であること」には、いくつの位格《いかく》がありますか。

答 神「であること」には、三つの位格があり、それは父、子、そして聖霊です。これら三つの位格は、本質において同一であり、力と栄光において同等の、ひとりの神です(1)。

(1) Iヨハ5・7、マタ28・19

問7 神の聖定《せいてい》とは何ですか。

答 神の聖定とは、神の御意志の計《はか》らいによる永遠の計画です。

これによって神は、御自身の栄光のために、起こってくることを何でもすべて、あらかじめ定めておられます。[1]

(1) エフェ1・4、11、ロマ9・22―23

問8 神はその聖定を、どのように遂行《すいこう》されますか。

答 神は、創造と摂理《せつり》の御《み》業において、その聖定を遂行されます。

問9 創造の御業とは何ですか。

答 創造の御業とは、神が、すべてのものを無から、御自身の力ある言葉によって、六日間《むいかかん》で、極《きわ》めてよく造られたことです。[1]

(1) 創1章、ヘブ11・3

問10 神は人間をどのように創造されましたか。

答 神は人間を、知識と義と聖において御自身のかたちにしたがい、被造物《ひぞうぶつ》に対する支配権を有する者として、男性と女性に創造されました。[1]

(1) 創1・26―28、コロ3・10、エフェ4・24

問11 神の摂理の御業とは何ですか。

答 神の摂理の御業とは、神がその全被造物とそれらのすべての行動とを、最も聖《きよ》く(1)、賢く(2)、力強く、保ち(3)、治めておられること(4)です。

(1) 詩145・17
(2) 詩104・24、イザ28・29
(3) ヘブ1・3
(4) 詩103・19、マタ10・29−31

問12 創造された状態にあった人に対して、神は、どのような特別な摂理の行為をされましたか。

答 神は人を創造されたとき、完全な服従を条件として、人と命《いのち》の契約に入《はい》られ、死を罰として、善悪の知識の木から食べることを禁じられました(1)。

(1) ガラ3・12、創2・17

問13 わたしたちの最初の先祖たちは、創造された状態にとどまりましたか。

答 わたしたちの最初の先祖たちは、彼ら自身の意志の自由にまかされていたところ、神に対して罪を犯《おか》すことによって、

創造された状態から堕落《だらく》しました。(1)

(1) 創3・6−8、13、コヘ7・29

問14 罪とは何ですか。

答 罪とは、神の律法《りっぽう》に少しでもかなわないこと、あるいは、それに違反することです。(1)

(1) Iヨハ3・4

問15 わたしたちの最初の先祖たちが、創造された状態から堕落した罪とは、何でしたか。

答 わたしたちの最初の先祖たちが、創造された状態から堕落した罪とは、禁じられていた果実《かじつ》を食べたことでした。(1)

(1) 創3・6、12

問16 全人類は、アダムの最初の違反において堕落しましたか。

答 アダムと結ばれた契約は、彼自身のためだけでなく、彼の子孫のためにも結ばれていたので、通常の出生《しゅっしょう》によってアダムから生まれてくる全人類は、彼の最初の違反において、彼にあって罪を犯し、彼と共に堕落しました。(1)

(1) 創2・16−17、ロマ5・12、Iコリ15・21−22

問17 堕落は人類をどのような状態に至《いた》らせましたか。

答 堕落は人類を罪と悲惨の状態に至らせました。(1)

(1) ロマ5・12

問18 人が堕落した状態の罪性《ざいせい》はどの点にありますか。

答 人が堕落した状態の罪性は、アダムの最初の罪の罪責《ざいせき》と、原義《げんぎ》を失っていることと、一般に原罪《げんざい》と呼ばれている全本《ぜんぽん》性《せい》の腐敗と、原罪から生じるすべての現実の違反にあります。(1)

(1) ロマ5・12、19、3・10－20［底本は5・10－20だが3・10－20の誤り］、エフェ2・1－3、ヤコ1・14－15、マタ15・19

問19 人が堕落した状態の悲惨とは何ですか。

答 全人類は、堕落によって神との交わりを失い、(1)今は神の怒りと呪《のろ》いの下《もと》にあり、(2)そのため、この世でのあらゆる悲惨と、死そのものと、永遠の地獄の罰を免《まぬか》れないものとされています。(3)

(1) 創3・8、10、24
(2) エフェ2・2－3、ガラ3・10
(3) 哀3・39、ロマ6・23、マタ25・41、46

問20 神は全人類を、罪と悲惨の状態のうちに滅びるままにしておかれましたか。

答 神は、ただご自身のよしとされるところにより、全《まった》くの永遠から、ある人々を永遠の命に選んでおられたので、[1] ひとりの贖《あがな》い主によって、彼らを罪と悲惨の状態から解放して救いの状態に入《い》れるために、恵みの契約に入《はい》られました。[2]

(1) エフェ1・4
(2) ロマ3・20－22、ガラ3・21－22

問21 神の選びの民の贖《あがな》い主とは、誰ですか。

答 神の選びの民の唯一の贖い主は、主イエス・キリストです。[1] かれは、永遠の神の御子でありながら人となられました。[2] それで、二つの全く異なった本性《ほんせい》である、神と人でありつつ、一位格《いちいかく》であられ、そして永遠にそうあり続けられます。[3]

(1) Iテモ2・5－6
(2) ヨハ1・14、ガラ4・4
(3) ロマ9・5、ルカ1・35、コロ2・9、ヘブ7・24－25

問22 キリストは、神の御子でありながら、どのようにして人となられましたか。

答 神の御子キリストは、聖霊の力によっておとめマリアの胎《たい》に宿《やど》り、彼女から生まれながらも(1)罪はないという仕方で(2)、御自身に真実の体《からだ》(3)と理性的霊魂(4)をとって人となられました。

(1) ルカ1・27、31、35、42、ガラ4・4
(2) ヘブ4・15、7・26
(3) ヘブ2・14、16、10・5
(4) マタ26・38

問23 キリストは、わたしたちの贖《あがな》い主として、どのような職務を遂行されますか。

答 キリストは、わたしたちの贖い主として、謙卑《けんぴ》と高挙《こうきょ》のいずれの状態においても、預言者と祭司と王の職務を遂行されます(1)。

(1) 使3・21－22、ヘブ12・25、さらにⅡコリ13・3、ヘブ5・5－7、ヘブ7・25も参照、詩2・6、イザ9・6－7「9・5－6」、マタ21・5、詩2・8－11

問24 キリストは、預言者の職務をどのように遂行されますか。

答 キリストは、御《ご》自身の御《み》言葉と御《み》霊によって、わたしたちの救いのために、神の御《ご》意志を啓示することにより、預言者の職務を遂行されます(1)。

(1) ヨハ1・18、Ⅰペト1・10－12、ヨハ15・15、20・31

問25 キリストは、祭司の職務をどのように遂行されますか。

答 キリストは、神の義を満たしてわたしたちを神に和解《わかい》させるために(1)、御自身をいけにえとしてただ一度献《ささ》げたことと(2)、わたしたちのために絶えず執《と》り成しをされることによって(3)、祭司の職務を遂行されます。

(1) ヘブ2・17
(2) ヘブ9・14、28
(3) ヘブ7・24－25

問26 キリストは、王の職務をどのように遂行されますか。

答 キリストは、わたしたちを御自身に従わせること(1)、わたしたちを治め(2)、守ること(3)、また、かれとわたしたちのすべての敵を抑《おさ》え、征服《せいふく》することによって(4)王の職務を遂行されます。

(1) 使15・14－16
(2) イザ33・22
(3) イザ32・1－2
(4) Iコリ15・25、詩110編

問27 キリストの謙卑《けんぴ》はどの点にありましたか。

答 キリストの謙卑は、かれが生まれられたこと、それも低い状態であられたこと(1)、律法の下《もと》に置かれたこと(2)、この世の悲惨(3)と神の怒り(4)と十字架の呪われた死を忍《しの》ばれたこと(5)、そして葬られたこと(6)、しばらくの間《あいだ》死の力の下《もと》にとどまられたこと(7)にありました。

(1) ルカ2・7
(2) ガラ4・4
(3) ヘブ12・2－3、イザ53・2－3
(4) ルカ22・44、マタ27・46
(5) フィリ2・8
(6) Iコリ15・4［底本は15・3だが15・4の誤り］
(7) 使2・24－27、31

問28 キリストの高挙《こうきょ》はどの点にありますか。

答 キリストの高挙は、かれが三日目に死人の中からよみがえられたこと、(1)天に昇《のぼ》られたこと、(2)父なる神の右に座《ざ》しておられること、(3)終わりの日に世を裁くために来られること(4)にあります。

(1) Iコリ15・4
(2) マコ16・19
(3) エフェ1・20
(4) 使1・11、17・31

問29 わたしたちはどのようにして、キリストによって買い取られた贖《あがな》いにあずかる者とされるのですか。

答 わたしたちは、キリストによって買い取られた贖いが、かれの聖霊により、(1)わたしたちに有効に適用されることによって、(2)それにあずかる者とされます。

(1) テト3・5―6
(2) ヨハ1・11―12

問30 御霊は、キリストによって買い取られた贖《あがな》いを、どのようにしてわたしたちに適用されるのですか。

答 御霊は、わたしたちの内に信仰を生じさせ、(1)それによって

(1) エフェ1・13―14、ヨハ

わたしたちを有効召命《ゆうこうしょうめい》においてキリストに結びつけることにより(2)、キリストによって買い取られた贖いをわたしたちに適用されます。

(2) 6・37、39、エフェ2・8
エフェ3・17、Iコリ1・9

問31 有効召命とは何ですか。

答 有効召命とは、神の御霊の業《わざ》であって(1)、それによって御霊は、わたしたちに自分の罪と悲惨を自覚《じかく》させ(2)、わたしたちの知性をキリストを知る知識で照らし(3)、わたしたちの意志を新《あら》たにしてくださいます(4)。こうして御霊は、福音においてわたしたちに無償《むしょう》で提供《ていきょう》されているイエス・キリストを、受け入れるように説得し、それができるようにしてくださいます(5)。

(1) IIテモ1・9、IIテサ2・13-14
(2) 使2・37
(3) 使26・18
(4) エゼ36・26-27
(5) ヨハ6・44-45、フィリ2・13

問32 有効に召《め》される人は、この世において、どのような恩恵《おんけい》にあずかるのですか。

答 有効に召される人は、この世において、義認《ぎにん》(1)、子とするこ

(1) ロマ8・30

と、(2)聖化、さらにこの世において、それらに伴い、あるいはそれらから生じるさまざまな恩恵(3)にあずかります。

(2) エフェ1・5
(3) Ⅰコリ1・26、30

問33 義認とは何ですか。

答 義認とは、神の無償の恵みの行為《こうい》であり、それによって神は、わたしたちのすべての罪を赦《ゆる》し(1)、わたしたちを神の前に義なる者として受け入れてくださいます(2)。それはただ、わたしたちに転嫁《てんか》され(3)、信仰によってのみ受け取られるキリストの義のゆえです(4)。

(1) ロマ3・24－25、4・6－8
(2) Ⅱコリ5・19、21
(3) ロマ5・17－19
(4) ガラ2・16、フィリ3・9

問34 子とすることとは何ですか。

答 子とすることとは、神の無償の恵みの行為であり(1)、それによってわたしたちは、神の子たちの数《かず》に入れられ、神の子のあらゆる特権《とっけん》にあずかる権利を持つ者となります(2)。

(1) Ⅰヨハ3・1
(2) ヨハ1・12、ロマ8・17

問35 聖化とは何ですか。

答 聖化とは、神の無償の恵みの御業《みわざ》であり(1)、それによってわたしたちは、神のかたちにしたがってその人全体《ぜんたい》が新《あら》たにされ(2)、ますます罪に対して死に、義に対して生きることができるようにされます(3)。

(1) Ⅱテサ2・13
(2) エフェ4・23－24
(3) ロマ6・4、6

問36 この世において、義認、子とすること、聖化に伴《ともな》い、あるいはそれらから生《しょう》じる恩恵とは何ですか。

答 この世において、義認、子とすること、聖化に伴い、あるいはそれらから生じる恩恵とは、神の愛の確信、良心の平和(1)、聖霊における喜び(2)、恵みの増加(3)、そして恵みの内に最後まで堅忍《けんにん》することです(4)。

(1) ロマ5・1－2、5
(2) ロマ14・17
(3) 箴4・18
(4) Ⅰヨハ5・13、Ⅰペト1・5

問37 信仰者は死のとき、キリストからどのような恩恵を受けますか。

答 信仰者の霊魂は、彼らの死のとき、完全に聖《きよ》くされ(1)、直《ただ》ちに栄光に入り(2)、信仰者の体《からだ》は、なおキリストに結びつけら

(1) ヘブ12・23
(2) Ⅱコリ5・1、6、8、フィリ1・23、ルカ23・43

れたまま、(3)復活まで(4)墓の中で休みます(5)。

(3) Iテサ4・14
(4) ヨブ19・26−27
(5) イザ57・2

問38 信仰者は復活のとき、キリストからどのような恩恵を受けますか。

答 復活のとき、信仰者は、栄光の内によみがえらせられ(1)、裁きの日に、公《おおやけ》に承認され、無罪とされます(2)。さらに、永久《えいきゅう》に(3)、神を限りなく喜ぶことにおいて完全に祝福されます(4)。

(1) Iコリ15・43
(2) マタ25・23、10・32
(3) Iテサ4・17−18
(4) Iヨハ3・2、Iコリ13・12

問39 神が人間に求めておられる義務は、何ですか。

答 神が人間に求めておられる義務は、啓示《けいじ》された神の御意志《ごいし》に服従することです(1)。

(1) ミカ6・8、サム上15・22

問40 神は、服従の規範《きはん》として、最初に何を人間に啓示されましたか。

答 神が服従のため最初に人間に啓示された規範は、道徳律法でした(1)。

(1) ロマ2・14−15、10・5

問41 道徳律法は、どこに要約して含まれていますか。

答 道徳律法は、十戒の中に要約して含まれています。(1)

(1) 申10・4

問42 十戒の要約は何ですか。

答 十戒の要約は、心を尽くし、精神を尽くし、力を尽くし、思いを尽くして、わたしたちの神である主を愛すること、また、わたしたちの隣人《りんじん》を自分自身のように愛することです。(1)

(1) マタ22・37－40

問43 十戒の序言《じょげん》は何ですか。

答 十戒の序言は、「わたしは主、あなたの神、あなたをエジプトの国、奴隷の家から導き出した神である」(1)* という言葉です。

(1) 出20・2

* 十戒の引用は新共同訳聖書による。

問44 十戒の序言は、わたしたちに何を教えていますか。

答　十戒の序言はわたしたちに、神は主であり、さらに、わたしたちの神また贖《あがな》い主でもあられるので、それゆえわたしたちは、神のすべての戒《いまし》めを守らなければならないということを教えています(1)。

(1) ルカ1・74－75、Iペト1・15－19

問45　第一戒はどれですか。

答　第一戒は、「あなたには、わたしをおいてほかに神があってはならない(1)*」です。

(1) 出20・3

* 底本の欽定訳は"Thou shalt have no other gods before me."で、「わたしの前に」という言葉があるが新共同訳にはない。

問46　第一戒では、何が求められていますか。

答　第一戒はわたしたちに、神が唯一のまことの神、またわたしたちの神であることを知り、認めること(1)、そして、それにふさわしく神を礼拝し、神の栄光をたたえることを(2)求めています。

(1) 代上28・9、申26・17
(2) マタ4・10、詩29・2

問47　第一戒では、何が禁じられていますか。

答 第一戒は、まことの神を神とすることと[1]、わたしたちの神とすること[2]を否定し[3]、あるいは［そのような神としてまことの神を］礼拝せず、栄光をたたえないこと、さらに、神のみにささげられるべき礼拝と栄光を、他《た》のなにものかに与えること[4]を禁じています。

(1) ロマ1・21
(2) 詩81・10－11［81・11－12］
(3) 詩14・1
(4) ロマ1・25－26

問48 第一戒の「わたしの前に*」という言葉によって、わたしたちは特別に何を教えられていますか。

答 第一戒の「わたしの前に」という言葉は、すべてのことを見ておられる神は、どのような他《ほか》の神を持つ罪にも注意《ちゅうい》を払い、これを非常に嫌《きら》われることをわたしたちに教えています[1]。

* “before me”の訳。新共同訳にこの言葉はない。

(1) エゼ8・5－18

問49 第二戒はどれですか。

答 第二戒は、「あなたはいかなる像《ぞう》も造ってはならない。上《うえ》は天にあり、下《した》は地にあり、また地の下の水の中にある、いかなるものの形も造ってはならない。あなたはそれらに向かってひれ伏したり、それらに仕えたりしてはならない。わたしは主、あなたの神。わたしは熱情の神である。わたしを否《いな》む者には、父祖の罪を子孫に三代、四代までも問うが、わたしを愛し、わたしの戒めを守る者には、幾千代《いくせんだい》にも及ぶ慈《いつく》しみを与える」(1)です。

(1) 出20・4－6

問50 第二戒では、何が求められていますか。

答 第二戒は、神が御言葉《みことば》において定めておられるすべての宗教的礼拝と規定を、受け入れ、実行し、純粋かつ完全に保つことを求めています(1)。

(1) 申32・46、マタ28・20、使2・42

問51 第二戒では、何が禁じられていますか。

答 第二戒は、像《ぞう》により(1)、あるいは神の御言葉によって定められていない他《た》のなんらかの仕方《しかた》(2)で、神を礼拝することを禁じています。

(1) 申4・15－19、出32・5、8

(2) 申12・31、32「12・31－13・1」

問52 第二戒に付け加えられている理由は、何ですか。

答 第二戒に付け加えられている理由は、わたしたちに対する神の主権(1)と、わたしたちに対する神の所有権(2)と、神が御自《ごじ》身《しん》への礼拝に対して持っておられる熱情(3)です。

(1) 詩95・2–3、6
(2) 詩45・11［45・12］
(3) 出34・13–14

問53 第三戒はどれですか。

答 第三戒は、「あなたの神、主の名をみだりに唱《とな》えてはならない。みだりにその名を唱える者を主は罰せずにはおかれない」(1)です。

(1) 出20・7

問54 第三戒では、何が求められていますか。

答 第三戒は、神の御名《みな》(1)、称号《しょうごう》(2)、属性《ぞくせい》(3)、規定(4)、御言葉(5)、御業(6)を、聖《きよ》く敬虔《けいけん》に用いることを求めています。

(1) マタ6・9、申28・58
(2) 詩68・4［68・5］
(3) 黙15・3–4
(4) マラ1・11、14
(5) 詩138・1–2
(6) ヨブ36・24

問55 第三戒では、何が禁じられていますか。

答 第三戒は、神が御自身を知らせるのに用いておられるいかなるものをも、汚《けが》したり、濫用《らんよう》したりすることすべてを禁じています(1)。

(1) マラ1・6−7、12、2・2、3・14

問56 第三戒に付け加えられている理由は、何ですか。

答 第三戒に付け加えられている理由は、この戒《いまし》めを破る者たちが、たとえ人間による罰を免《まぬか》れたとしても、わたしたちの神である主は、彼らが御自身の正しい裁きを免れることをお許しにならない、ということです(1)。

(1) サム上2・12、17、22、29、3・13、申28・58−59

問57 第四戒はどれですか。

答 第四戒は、「安息日《び》を心に留め、これを聖別せよ。六日《むいか》の間働いて、何であれあなたの仕事をし、七日目《なのかめ》は、あなたの神、主の安息日であるから、いかなる仕事もしてはならない。あなたも、息子も、娘も、男女の奴隷も、家畜も、あなたの町の門の中に寄留《きりゅう》する人々も同様である。六日の間に主は天と地と海とそこにあるすべてのものを造り、七日目に休まれたから、主は安息日を祝福して聖別《せいべつ》されたのである」(1)です。

(1) 出20・8−11

問58 第四戒では、何が求められていますか。

答 第四戒は、神が御言葉において定めておられる一定《いってい》の時、すなわち、七日《なのか》の内丸一日を、御自身に対する聖《せい》なる安息日《び》となるように、神に対して聖《きよ》く守ることを求めています(1)。

(1) 申5・12−14

問59 神は、七日《なのか》の内のどの日を、週ごとの安息日《び》に指定されましたか。

答 神は、世の初めからキリストの復活までは、週の第七日《なななにち》を週ごとの安息日に指定されました。そしてそれ以降は、世の終わりまで継続して、週の第一日を安息日に指定されました。これがキリスト教安息日です(1)。

(1) 創2・2−3、Ⅰコリ16・1−2、使20・7

問60 安息日《び》は、どのように聖別《せいべつ》されなければなりませんか。

答 安息日は、他《ほか》の日には合法的であるこの世の業務や娯楽からも離れて、(1)その日丸一日を聖《きよ》く休むことにより、(2)また、やむを得ない働きと慈善《じぜん》の働きに用いられる時間を除《のぞ》き、(3)すべての時間を公的私的に神を礼拝する営《いとな》みに用いることによって、(4)聖別されなければなりません。

(1) 出16・25－28、ネヘ13・15－19、21－22
(2) 出20・8、10
(3) マタ12・1－13
(4) ルカ4・16、使20・7、詩92編の表題［詩92・1］、イザ66・23

問61 第四戒では、何が禁じられていますか。

答 第四戒は、求められている義務を怠《おこた》ったり、いい加減《かげん》に果たすことと、(1)怠惰《たいだ》や、(2)それ自体が罪深いことを行うことにより、(3)あるいは、この世の業務や娯楽についての不必要な思い、言葉、行いによって、(4)この日を汚《けが》すことを禁じています。

(1) エゼ22・26、アモ8・5、マラ1・13
(2) 使20・7、9
(3) エゼ23・38
(4) エレ17・24－26、イザ58・13

問62 第四戒に付け加えられている理由は、何ですか。

答 第四戒に付け加えられている理由は、神がわたしたち自身の業務のために一週の内六日間《むいかかん》をわたしたちに与えておられること、(1)第七日《ななにち》に対しては特別な所有権を主張しておられること、神御自身の模範《もはん》、神が安息日《び》を祝福しておられることです。(2)

(1) 出20・9
(2) 出20・11

問63 第五戒はどれですか。

答 第五戒は、「あなたの父母《ちちはは》を敬《うやま》え。そうすればあなたは、あなたの神、主が与えられる土地に長く生きることができる」(1)です。

(1) 出20・12

問64 第五戒では、何が求められていますか。

答 第五戒は、目上《めうえ》の人、(1)目下《めした》の人、(2)あるいは対等《たいとう》の人(3)として、さまざまな立場と関係において、すべての人に伴う名誉を守り、「その人に対する」義務を果たすことを求めています。

(1) エフェ5・21
(2) Iペト2・17
(3) ロマ12・10

問65 第五戒では、何が禁じられていますか。

答 第五戒は、さまざまな立場と関係において、すべての人に伴っている名誉と「その人に対する」義務を無視したり、あるいはそれらに反することを行うことを禁じています[1]。

（1） マタ15・4−6、エゼ34・2−4、ロマ13・8

問66 第五戒に付け加えられている理由は、何ですか。

答 第五戒に付け加えられている理由は、この戒めを守るすべての人々に対する長寿《ちょうじゅ》と繁栄《はんえい》（それが神の栄光と彼ら自身の益になる限り）の約束です[1]。

（1） 申5・16、エフェ6・2−3

問67 第六戒はどれですか。

答 第六戒は、「殺してはならない[1]」です。

（1） 出20・13

問68 第六戒では、何が求められていますか。

答 第六戒は、わたしたち自身の命《いのち》[1]と他《ほか》の人々の命[2]を守るための、あらゆる合法的な努力を求めています。

（1） エフェ5・28−29
（2） 王上18・4

問69 第六戒では、何が禁じられていますか。

答 第六戒は、わたしたち自身の命や隣人《りんじん》の命を不当に奪《うば》うこと、あるいは、それに向かうすべてのことを禁じています。(1)

(1) 使16・28、創9・6

問70 第七戒はどれですか。

答 第七戒は、「姦淫《かんいん》してはならない」(1)です。

(1) 出20・14

問71 第七戒では、何が求められていますか。

答 第七戒は、心と発言とふるまいにおいて、わたしたち自身と隣人《りんじん》の純潔《じゅんけつ》を守ることを求めています。(1)

(1) Iコリ7・2–3、5、34、36、コロ4・6、Iペト3・2

問72 第七戒では、何が禁じられていますか。

答 第七戒は、すべての不純《ふじゅん》な思いと言葉と行いを禁じています。(1)

(1) マタ15・19、5・28、エフェ5・3–4

問73 第八戒はどれですか。

答 第八戒は、「盗んではならない(1)」です。

(1) 出20・15

問74 第八戒では、何が求められていますか。

答 第八戒は、わたしたち自身と他《た》の人々の富と物質的な生活状態を、合法的に獲得《かくとく》し、殖《ふ》やすことを求めています(1)。

(1) 創30・30、Iテモ5・8、レビ25・35、申22・1－4、出23・4－5、創47・14、20

問75 第八戒では、何が禁じられていますか。

答 第八戒は、わたしたち自身や隣人《りんじん》の富や物質的な生活状態を、不当に損《そこ》なったり、あるいはその恐れのあるすべてのことを禁じています(1)。

(1) 箴21・17、23・20－21、28・19、エフェ4・28

問76 第九戒はどれですか。

答 第九戒は、「隣人《りんじん》に関して偽証《ぎしょう》してはならない(1)」です。

(1) 出20・16

問77 第九戒では、何が求められていますか。

答　第九戒は、人と人の間の真実と、[1]わたしたち自身および隣人《りんじん》の名声《めいせい》を保ち、促進《そくしん》すること[2]を求めています。特に証《しょう》言《げん》する時にそれを求めています。[3]

(1) ゼカ8・16
(2) Ⅲヨハ12
(3) 箴14・5、25

問78　第九戒では、何が禁じられていますか。

答　第九戒は、真実をゆがめたり、あるいは、わたしたち自身や隣人の名声を傷つけるすべてのことを禁じています。[1]

(1) サム上17・28、レビ19・16、詩15・3

問79　第十戒はどれですか。

答　第十戒は、「隣人《りんじん》の家を欲してはならない。隣人の妻、男女の奴隷、牛、ろばなど隣人のものを一切欲してはならない」[1]です。

(1) 出20・17

問80　第十戒では、何が求められていますか。

答　第十戒は、隣人とそのすべての所有物に対して、正しい思いやりの心を持ちつつ、[1]わたしたち自身の状況に十分満足

(1) ヨブ31・29、ロマ12・15、Ⅰテモ1・5、Ⅰコリ13・4－7

することを求めています。(2)

(2) ヘブ13・5、Iテモ6・6

問81 第十戒では、何が禁じられていますか。

答 第十戒は、わたしたち自身の生活状態に少しも満足しないこと、(1) 隣人の幸《さいわ》いをねたんだり悲しんだりすること、(2) また、隣人の所有するいかなるものに対してであれ、過度《かど》な意向《いこう》や愛着《あいちゃく》を抱《いだ》くことを(3)禁じています。

(1) 王上21・4、エス5・13、Iコリ10・10
(2) ガラ5・26、ヤコ3・14、16
(3) ロマ7・7－8、13・9、申5・21

問82 これらの神の戒めを完全に守れる人が、誰かいますか。

答 堕落以来、単なる人間は誰も、この世においてこれらの神の戒めを完全に守ることはできません。(1) かえって、思いと言葉と行いにおいて、日ごとにそれらを破っています。(2)

(1) コヘ7・20、Iヨハ1・8、10、ガラ5・17
(2) 創6・5、8・21、ロマ3・9－21、ヤコ3・2－13

問83 律法に対する違反はすべて、同じ程度に邪悪《じゃあく》なものなのですか。

答 ある罪は、それ自体で、またいくつかの加重《かじゅう》の理由によっ

て、他《ほか》の罪よりも神の判断《はんだん》においていっそう邪悪なものです。(1)

(1) エゼ8・6、13、15、Iヨハ5・16、詩78・17、32、56

問84 すべての罪は、何に価《あたい》しますか。

答 すべての罪は、この世においても、来《きた》るべき世においても、神の怒りと呪いに価します。(1)

(1) エフェ5・6、ガラ3・10、哀3・39、マタ25・41

問85 罪のためにわたしたちが受けて当然である神の怒りと呪いを免《まぬか》れるために、神はわたしたちに何を求めておられますか。

答 罪のためにわたしたちが受けて当然である神の怒りと呪いを免れるために、神はわたしたちに、イエス・キリストへの信仰と、命に至る悔い改めと、(1)それらと共に、キリストが贖《あがな》いの恩恵をわたしたちに分かち与えるのにお用いになるすべての外的手段を、注意深く用いることを(2)求めておられます。

(1) 使20・21
(2) 箴2・1−6、8・33−36、イザ55・3

問86 イエス・キリストへの信仰とは何ですか。

答 イエス・キリストへの信仰とは、救いの恵みの賜物《たまもの》です(1)。それによってわたしたちは、救いのために、福音においてわたしたちに提供されているままに、キリストのみを受け入れ、かれにのみより頼むのです(2)。

(1) ヘブ10・39
(2) ヨハ1・12、イザ26・3−4、フィリ3・9、ガラ2・16

問87 命に至る悔い改めとは何ですか。

答 命に至る悔い改めとは、救いの恵みの賜物です(1)。それによって罪人《つみびと》は、自分の罪を真《しん》に自覚し(2)、キリストにおける神の憐《あわ》れみを悟《さと》ることによって(3)、自分の罪を嘆《なげ》き憎《にく》みつつ、新しい服従への十分な決意と努力とをもって(4)、罪から神に立ち帰るのです(5)。

(1) 使11・18
(2) 使2・37−38
(3) ヨエ2・12、エレ3・22
(4) IIコリ7・11、イザ1・16−17
(5) エレ31・18−19、エゼ36・31

問88 キリストが、贖《あがな》いの恩恵をわたしたちに分かち与えるのにお用いになる外的手段は何ですか。

答 キリストが、贖いの恩恵をわたしたちに分かち与えるのにお用いになる外的で通常の手段は、キリストの諸規定《しょきてい》、特に、御言葉と聖礼典と祈りです。これらすべてが、選びの民にとって救いのために有効とされます(1)。

(1) マタ28・19－20、使2・42、46－47

問89 御言葉は、どのようにして救いに有効とされるのですか。

答 神の御霊が、御言葉の朗読《ろうどく》、特に御言葉の説教を、罪人《つみびと》に罪を自覚させて回心させ、さらに彼らを信仰によって聖《きよ》さと慰めのうちに建《た》て上げ、救いに至《いた》らせる、有効な手段とされます(1)。

(1) ネヘ8・8、Ⅰコリ14・24－25、使26・18、詩19・8［19・9］、使20・32、ロマ15・4、Ⅱテモ3・15－17、ロマ10・13－17、1・16

問90 御言葉が救いに有効となるためには、それはどのように読まれ、聞かれなければなりませんか。

答 御言葉が救いに有効となるためには、わたしたちは、注意深さ(1)と準備(2)と祈り(3)をもってこれに傾聴《けいちょう》し、信仰と愛をもって受け入れ(4)、わたしたちの心の内にたくわえ(5)、生活の中で

(1) 箴8・34
(2) Ⅰペト2・1－2
(3) 詩119・18
(4) ヘブ4・2、Ⅱテサ2・10
(5) 詩119・11

実践《じっせん》しなければなりません(6)。

(6) ルカ8・15、ヤコ1・25

問91 聖礼典は、どのようにして救いの有効な手段となるのですか。

答 聖礼典は、それ自身の内にある、あるいはそれを執行《しっこう》する人の内にあるどのような力によるのでもなく、信仰によってそれを受ける人々において、ただキリストの祝福(1)とキリストの霊《れい》の働き(2)によって、救いの有効な手段となります。

(1) Ⅰペト3・21、マタ3・11、Ⅰコリ3・6－7
(2) Ⅰコリ12・13

問92 聖礼典とは何ですか。

答 聖礼典とは、キリストが制定された聖《きよ》い規定です。そこにおいて、キリストと新しい契約の恩恵が、知覚《ちかく》できるしるしによって、信仰者に対して現《あらわ》され、証印《しょういん》され、適用されます(1)。

(1) 創17・7、10、出12章、Ⅰコリ11・23、26

問93 新約の聖礼典はどれですか。

郵 便 は が き

料金受取人払郵便

銀座局
承認

4307

差出有効期間
2024年2月
29日まで

104-8790

628

東京都中央区銀座4－5－1

教文館出版部 行

◉裏面にご住所・ご氏名等ご記入の上ご投函いただければ、キリスト教書関連書籍等のご案内をさしあげます。なお、お預かりした個人情報は共同事業者である「(財)キリスト教文書センター」と共同で管理いたします。

●今回お買い上げいただいた本の書名をご記入下さい。

書名

●この本を何でお知りになりましたか

1. 新聞広告（　　　）　2. 雑誌広告（　　　）　3. 書　評（　　　）
4. 書店で見て　5. 友人にすすめられて　6. その他

●ご購読ありがとうございます。
本書についてのご意見、ご感想、その他をお聞かせ下さい。
図書目録ご入用の場合はご請求下さい（要　不要）

教文館発行図書　購読申込書

下記の図書の購入を申し込みます

書　　名	定価(税込)	申込部数
		部
		部
		部
		部
		部

ご注文はなるべく書店をご指定下さい。必要事項をご記入のうえ、ご投函下さい。

お近くに書店のない場合は小社指定の書店へお客様を紹介するか、小社から直送いたします。

ハガキのこの面はそのまま取次・書店様への注文書として使用させていただきます。

DM、Eメール等でのご案内を望まれない方は、右の四角にチェックを入れて下さい。□

ご氏名	歳	ご職業

〒　　　　　）
ご住所

電話
●書店よりの連絡のため忘れず記載して下さい。

メールアドレス
（新刊のご案内をさしあげます）

書店様へお願い　上記のお客様のご注文によるものです。
着荷次第お客様宛にご連絡下さいますようお願いします。

ご指定書店名	取次・番線	
住所		（ここは小社で記入します）

答 新約の聖礼典は、洗礼[1]と主の晩餐《ばんさん》[2]です。

(1) マタ28・19
(2) マタ26・26―28

問94 洗礼とは何ですか。

答 洗礼とは、父と子と聖霊の御名《みな》による水の洗いが、[1]わたしたちがキリストに接《つ》ぎ木されること、恵みの契約の恩恵にあずかること、また、主のものになるというわたしたちの約束を、表示《ひょうじ》し、証印《しょういん》する[2]聖礼典です。

(1) マタ28・19
(2) ロマ6・4、ガラ3・27

問95 洗礼は、誰に対して執行《しっこう》されるべきですか。

答 洗礼は、キリストへの信仰とかれへの服従を公に告白するまでは、見える教会の外《そと》にいるいかなる人に対しても執行されてはなりません。[1]しかし、見える教会の会員の幼児《ようじ》には、洗礼を授《さず》けられるべきです。[2]

(1) 使8・36―37、2・38
(2) 使2・38―39、創17・10、さらにコロ2・11―12も参照、Iコリ7・14

問96 主の晩餐とは何ですか。

答 主の晩餐とは、キリストの御《み》定めに従ってパンとぶどう酒を与え、また受けることによって、キリストの死が示され、そしてふさわしい陪餐《ばいさん》者が、身体的・肉的にではなく、信仰によって、彼らの霊的養《やしな》いと恵みにおける成長のために、キリストの体《からだ》と血とそれに伴うすべてのキリストの恩恵にあずかる者とされる聖礼典です(1)。

(1) Iコリ11・23―26、10・16

問97 主の晩餐をふさわしく受けるために、何が求められていますか。

答 主の晩餐にふさわしくあずかろうとする人には、ふさわしくないままで来《き》て飲み食いし、自分に裁きを招くことがないように(1)、主の御体《みからだ》をわきまえる知識(2)と、キリストを糧《かて》とする自らの信仰(3)と、悔い改め(4)と愛(5)と新しい服従(6)について、自分自身を吟味《ぎんみ》することが求められています。

(1) Iコリ11・28―29
(2) Iコリ11・28―29
(3) IIコリ13・5
(4) Iコリ11・31
(5) Iコリ10・16―17
(6) Iコリ5・7―8

問98 祈りとは何ですか。

答 祈りとは、神の御心《みこころ》にかなうことを求めて(1)、キリストの御《み》

(1) Iヨハ5・14

名《な》により、(2)わたしたちの罪の告白と、神の憐れみへの心からの感謝(4)と共に、わたしたちの願いを神にささげることです。(5)

(2) ヨハ16・23
(3) 詩32・5－6、ダニ9・4
(4) フィリ4・6
(5) 詩62・8［62・9］

問99 神は、わたしたちの祈りを指導するために、どのような規《き》範《はん》を与えておられますか。

答 神の御言葉全体が、祈りについてわたしたちを指導するのに有用です。(1)しかし、指導の特別な規範は、キリストが弟子たちに教えられた祈禱文《きとうぶん》、いわゆる「主《しゅ》の祈り」です。(2)

(1) Iヨハネ5・14
(2) マタ6・9－13、さらにルカ11・2－4も参照。

問100 主の祈りの序言は、わたしたちに何を教えていますか。

答 主の祈りの序言である「天にまします我《われ》らの父よ」(1)は、わたしたちを助けることができ、また助けようとしておられる神に、子どもが父親に対してするように、もっぱら聖《きよ》い崇敬《すうけい》と信頼《しんらい》をもって近づくことと、(2)わたしたちが、他《た》の人々と共に、また他の人々のために祈るべきであることを(3)

(1) マタ6・9
(2) ロマ8・15、ルカ11・13
(3) 使12・5、Iテモ2・1－

＊2 主の祈りの引用は『讃美歌』（日本基督教団出版局、一九五四年）五六四番による。

教えています。

問101 第一の祈願《きがん》において、わたしたちは何を祈り求めるのですか。

答 第一の祈願である「ねがわくはみ名をあがめさせたまえ」(1)では、神が御自身を知らせようとされるすべてのことにおいて、わたしたちと他《た》の人々が神の栄光をたたえることができるように(2)、また、神がすべてのことを御自身の栄光のために整《ととの》えてくださるように(3)祈ります。

(1) マタ6・9
(2) 詩67・2-3[67・3-4]
(3) 詩83編

問102 第二の祈願において、わたしたちは何を祈り求めるのですか。

答 第二の祈願である「み国を来《き》たらせたまえ」(1)では、サタンの王国《おうこく》が滅ぼされるように(2)、また、恵みの王国が進展《しんてん》させられ(3)、わたしたち自身と他《た》の人々がその中に入《い》れられ、その中で守られるように(4)、そして栄光の王国がすみやかに来《きた》

(1) マタ6・10
(2) 詩68・1、18[68・2、19]
(3) 黙12・10-11
(4) Ⅱテサ3・1、ロマ10・1、ヨハ17・9、20

らせられるように祈り(5)ます。

(5) 黙22・20

問103 第三の祈願において、わたしたちは何を祈り求めるのですか。

答 第三の祈願である「みこころの天になるごとく、地にもなさせたまえ」(1)では、神が御自身の恵みにより、天使たちが天でしているように(2)、わたしたちもすべてのことにおいて、神の御意志を知り、従い、服《ふく》することができるように、またそれを望《のぞ》むようにしてくださるように(3)祈ります。

(1) マタ6・10
(2) 詩103・20－21
(3) 詩67編、119・36、マタ26・39、サム下15・25、ヨブ1・21

問104 第四の祈願において、わたしたちは何を祈り求めるのですか。

答 第四の祈願である「我らの日用《にちよう》の糧《かて》を今日《きょう》も与えたまえ」(1)では、神の無償《むしょう》の賜物《たまもの》の中から、この世の良きもののふさわしい分《ぶん》を受け、それらと共に神の祝福を喜ぶことができるように(2)祈ります。

(1) マタ6・11
(2) 箴30・8－9、創28・20、Ⅰテモ4・4－5

問105 第五の祈願において、わたしたちは何を祈り求めるのですか。

答 第五の祈願である「我らに罪をおかす者を我らがゆるすごとく、我らの罪をもゆるしたまえ(1)」では、神がキリストのゆえに、わたしたちのすべての罪を無償で赦《ゆる》してくださるように祈ります。(2) わたしたちは神の恵みによって、他《た》の人々を心から赦すことができるようにされていますので、なおさらそのように求めることが勧《すす》められています。(3)

(1) マタ6・12
(2) 詩51・1−2、7、9［51・3−4、9、11］、ダニ9・17−19
(3) ルカ11・4、マタ18・35

問106 第六の祈願において、わたしたちは何を祈り求めるのですか。

答 第六の祈願である「我らをこころみにあわせず、悪より救い出《いだ》したまえ(1)」では、神が、罪を犯《おか》す誘惑《ゆうわく》からわたしたちを守ってくださるように(2)、あるいは、誘惑された場合には、わたしたちを支《ささ》え、助け出《だ》してくださるように祈ります。(3)

(1) マタ6・13
(2) マタ26・41
(3) Ⅱコリ12・7−8

問107 主の祈りの結《むす》びの言葉は、わたしたちに何を教えていますか。

答 主の祈りの結びの言葉である「国と力と栄《さか》えとは、限りなく、なんじのものなればなり、アーメン」(1)は、祈りにおける励《はげ》ましを神だけから受けるということと(2)、わたしたちの祈りにおいて、国と力と栄光を神に帰《き》して神を賛美するようにと教えています(3)。そして、祈りが聞かれるようにという願いと、それが確《たし》かに聞かれるという確信《かくしん》の証《あか》しとして、わたしたちは「アーメン」と言うのです(4)。

(1) マタ6・13
(2) ダニ9・4、7-9、16-19
(3) 代上29・10-13
(4) Ⅰコリ14・16、黙22・20-21

解説

袴田康裕

ウェストミンスター小教理問答は、一六四三年七月にロンドンのウェストミンスター寺院で開かれたウェストミンスター神学者会議が作成したものです。この会議は、当初、新しい信仰告白や教理問答を作成する予定はありませんでした。しかし、国王軍と内戦中であったイングランド議会がスコットランドからの軍事援助を得るために「厳粛な同盟と契約」(同年九月)を結んだことによって、神学者会議の課題に変化が起きました。つまり、イングランド、スコットランド、アイルランドの三王国の宗教を統一し、そのために共通の宗教諸文書を作成することになったのです。「厳粛な同盟と契約」の第一項には「三王国の神の教会を、宗教、信仰告白、教会政治の形態、礼拝指針と教理教育 (catechising) において、できるだけ近づけ、統一することに努める」と記されています。

神学者会議が全体として信仰告白に熱心に取り組んだのが、一六四五年七月七日から一六四六年一二月四日です。会議はこの一二月四日に信仰告白全章を庶民院に提出し、一二月七日に同じものを貴族院に提出しています。神学者会議が教会の信条として作成したのが信仰告白です。教理問答は教会の信条として作成されたのではありません。それは教理教育のために作られました。そして教理問答は、この信仰告白に基づいて、その範囲内で作成されました。

教理問答作成の歴史にとって分岐点となったのが、一六四七年一月一四日です。神学者会議はそれまで、一つの教理問答を作る予定で作業していました。しかしこの日、リチャード・ヴァインズの動議に基づいて、二つの教理問答を作成することになりました。こうして大教理は「厳密で包括的なもの」として、小教理は「初心者のためのより平易なもの」として作成されたのです。

大教理問答の審議は、一六四七年四月一四日に始まり、同年一〇月一九日には終了しています。小教理問答の本格的な審議は一〇月二一日に始まり、一一月八日にはほぼ審議を終えています（引証聖句付き大小教理問答が議会に提出されたのは一六四八年四月一四日）。このように小教理は極めて短い期間に作成されました。それが可能になったのは、アントニー・タックニーをはじめ、大教理を作成したのと同じ議員が小教理を作成したことによります。また小教理は、大教理のいわば縮約本として作られました。それゆえ、極めてスムーズに作業がなされたのです。

ウェストミンスター小教理問答の最大の特徴は、実際的使用に優れ、教理の有益性を有効に教えられるところにあります。具体的特徴としては、次の二点を挙げることができます。第一は、答えを記憶力の弱い人でも覚えられるように、できるだけ短くしていることです。第二は、答えを問いから独立して、それ自体で意味の完全な文としていることです。

　小教理問答の問1は教理問答の中心命題と言えますが、極めて簡潔です。それは、ハイデルベルク信仰問答の非常に有名な問1の長い文章とは対照的です。また、ハイデルベルク信仰問答や、ジュネーヴ教会信仰問答は、答えだけを問いから切り離したら意味が通じないようになっています。常に問いと一緒に読まなければ、意味をなしません。しかしウェストミンスター小教理問答の場合は、答えだけで意味の完全な文になっています。それだけ記憶、暗記に適していると言えるでしょう。

　また小教理問答は、家庭で用いられることを意識して作成されました。会議終結からそれほど経っていない一六七四年に作成されたトマス・ヴィンセント（Thomas Vincent）の小教理の解説は、家長が小教理を家族に教える助けとして執筆されています。このことからも分かるように、小教理は教会だけでなく家庭での信仰教育の手段として作成されました。そのために、平易で簡潔に書かれているのです。

　こうして作成されたウェストミンスター小教理問答は、作成以来三七〇年以上にわたり、全世界の教会で、また家庭で、聖書の教理を簡潔に教える手段として用いられてきました。小教理を学ぶことによって聖書の理解が深まり、さらに、小教理によって聖書が生活と結びつくようになります。そのような霊性を養うプロテスタントを代表する教理問答だと言えます。

袴田康裕訳（第二版）からの修正箇所

（但し、かなと漢字の統一による修正、ルビを除く）

答3　「聖書は、主に、人間が神について信じなければならないことと」
　↓「聖書はおもに、人間が神について何を信じなければならないか、また」
問答6　「神には」↓「神［であること］には」
問答8　「実行」↓「遂行」
答9　「力ある言葉によって」↓「御自身の力ある言葉によって」
答21　「一人格」↓「一位格」
答25　「神の義を満足させて」↓「神の義を満たし」
答26　「守られること」↓「守ること」
　「征服されること」↓「征服すること」
答27　「十字架の呪いの死を受けられたこと」
　↓「十字架の呪われた死を忍ばれたこと」
答43　序言の引用の後に＊を入れ、欄外に次の註を入れる。
　＊十戒の引用は新共同訳聖書による。
答45　「あなたには、わたしをおいてほかに神があってはならない」の後に＊を入れ、欄外に次の註を入れる。

＊底本の欽定訳は“Thou shalt have no other gods before me.”で、「わたしの前に」という言葉があるが新共同訳にはない。

問48 「第一戒の「わたしをおいてほかに」という言葉によって」
↓「第一戒の「わたしの前に」＊という言葉によって」
欄外に次の註を入れる。
＊“before me”の訳。新共同訳にこの言葉はない。

答60 「すべての時間を公的私的に神を礼拝する営みに費やす」
↓「すべての時間を公的私的に神を礼拝する営みに用いる」

答65 「すること」↓「行うこと」

答71 「行為」↓「ふるまい」

答74 「富と財産」↓「富と物質的な生活状態」

答75 「富や財産」↓「富や物質的な生活状態」

答80 「わたしたち自身の状態」↓「わたしたち自身の状況」

答81 「わたしたち自身の生活状態に全く満足しないこと」
↓「わたしたち自身の生活状態に少しも満足しないこと」

答83 「神の御前に」↓「神の判断において」

答87 「理解して」↓「悟ることによって」

答98 「神の憐れみへの感謝に満ちた謝辞とともに」

↓「神の憐れみへの心からの感謝と共に」

答100 欄外に次の註を入れる。

＊主の祈りの引用は『讃美歌』（日本基督教団出版局、一九五四年）五六四番による。

答102 「来るように」↓「来たらせられるように」

答107 「なんじのものなればなり」

↓「なんじのものなればなり、アーメン」

答107 「祈りにおいて」↓「わたしたちの祈りにおいて」

あとがき

吉田　隆

日本キリスト改革派教会は、一九四六年の創立において、ウェストミンスター信仰告白・大教理問答・小教理問答を教会の信仰規準として採用して以来、その翻訳や咀嚼に努めてきました。『ウェストミンスター信仰基準』（日本基督改革派教会大会出版委員会編、新教出版社、一九九四年）には、同教会の信仰規準翻訳委員会による大教理問答と信仰告白及び榊原康夫教師による個人訳が収められており、広く用いられてきました。

しかし、後述するように、先行する翻訳には「教会公認訳」として不十分な点が多々あったため同教会の（教会の信仰規準や教義に関する事項を扱う）憲法委員会第一分科会が、創立八〇周年までにそれら三文書の「教会公認訳」を作成することを目標にして鋭意取り組んできました。本書に収められた『ウェストミンスター小教理問答』（教会公認訳）は、その最初の実りです。

これに先立ち、二〇二一年一一月の大会において、「教会公認訳」についての定義が、次のように決議されました。

（一）翻訳に関して

①信頼できる底本を選び、底本に忠実な翻訳であること。

②これまでになされたウェストミンスター信条の翻訳の成果を生かし、学問的な批判にも耐えうる翻訳であること。

③キリスト教会やキリスト教信徒によって用いられることを念頭に、わかりやすく美しい日本語であること。

④信仰告白・大教理問答・小教理問答の三文書として統一のとれた翻訳であること。

（二）法的性質に関して

①本文、引証聖句を含めて、字句のレベルで大会が「教会公認訳」として承認すること。

〔②『政治規準』の憲法改正手続きによって採択すること〕

〔③『訓練規定』における「違反」の認定規準として使用すること〕

④教会の公的文書においては、この「教会公認訳」が用いられること。

教会の公認訳である以上、その法的性質に関して厳密であることは本来言うまでもないことですが、従来同教会で用いられてきた諸翻訳は、この点において必ずしも明確ではありませんでした。しかし、より困難なのは、その翻訳についてです。

たとい完全な翻訳を望むことはできないとしても、現時点で最善のものを「公認訳」とするのでなければ意味がありません。これについても、従来は、底本が明記されていなかったり、翻訳も（個人訳を除けば）委員が手分けをしたり、委員全員で議論を重ねたりして行うという方法が試みられましたが、いずれもうまく行きませんでした。委員各自のウェストミンスター信条理解も英語の読解力も訳語の選定基準も同じではなかったからです。

この点で感謝すべきことは、第一に、ここ数十年の間に国内外におけるウェストミンスター信条研究が著しく進んだこと。とりわけ、松谷好明氏による一連の研究は、我が国における同信条理解に大きな貢献となりました。第二に、松谷氏と共に信条研究に携わり、すでに多くの成果をあげてこられた袴田康裕教師が「教会公認訳」を主導する憲法委員会第一分科会に加えられたこと。さらに、同委員による個人訳を「公認訳」案とすることができたことです。

これによって、上記「公認訳」翻訳に関する定義の①（底本の確定と忠実な翻訳）・②（学問的正確さ）・④（信条内相互の統一性）をほとんどクリアすることができました。その上で、さらに③（日本語としての適切性）の目標を達するために、大会内での意見を求め、袴田委員を含む委員会内での議論を踏まえて提案され採択されたものが、本書の訳文・引証聖句なのです。

一七世紀の難解かつ長文の英語を、正確かつ自然な日本語に翻訳することは至難の業です。その意味では、本「公認訳」もまた、現時点における一つの到達点を示すものにすぎません。

私たちが何よりも願うことは、これを機に、「ウェストミンスター小教理問答」が諸教会においていっそう熱心に用いられ、このすぐれた教理問答を通して聖書の正しい理解と神への豊かな信仰と生活とが育まれていくことです。

なお、本書に収められた「解説」「聖句索引」は、袴田康裕訳『ウェストミンスター小教理問答』（教文館、二〇一五年）からの転載。「ウェストミンスター信仰告白・大教理問答・小教理問答〈対観表〉」も、同委員によるものです。

すでに個人訳を出版しておりながら、このような形での出版を可能にしてくださった袴田委員と教文館には、心からのお礼を申し上げます。

二〇二三年七月

（日本キリスト改革派教会　憲法委員会第一分科会委員長）

ウェストミンスター信仰告白・大教理問答・小教理問答〈対観表〉

（内容）	信仰告白	大教理問答	小教理問答
〔序論〕		問1	問1
1章　聖書について	1節 2－4節 5節 6－10節	問2 問3 問4 問5	 問2 問3
2章　神について、また聖なる三位一体について	 1－2節 3節	問6 問7、問8 問9－問11	 問4、問5 問6
3章　神の永遠の聖定について	1－2節 3－8節	問12 問13 問14	問7 問8
4章　創造について	1節 2節	問15、問16 問17	問9 問10
5章　摂理について	1－3節 4－7節	問18 問19	問11
6章　人間の堕落と罪とそれの罰について	 1節 2節 3節 4節 5節 6節	問24 問21 問23 問22 問25 問26 問27－問29	問14 問13、問15 問17 問16 問18 問19
7章　人間に対する神の契約について	1節 2節 3節 4節 5節 6節	問20 問30－問32 問33、問34 問35	問12 問20

8章　仲介者キリストについて	1節		
	2節	問36	問21
		問37－問41	問22
	3節	問42	問23
		問43	問24
	5節	問44、問45	問25、問26
	7節		
	6節	問46	問27
		問47－問50	
	4節	問51	問28
		問52－問57	
	6節	問68	
	8節		
9章　自由意志について	1－3節	問149	問82
	4節		
10章　有効召命について		問57	
		問58	問29
		問59、問66	問30
	1節	問67	問31
		問68	
	2節、3節		
	4節	問60	
			問32
11章　義認について	1節	問70	問33
	2節	問72、問73	
	3節	問71	
	4－6節		
12章　子とすることについて	1節	問74	問34
13章　聖化について	1節	問75	問35
	2節	問78	
	3節		
		問77	問36
14章　救いに至る信仰について		問153	問85
	1節	問72	問86
	2節		
		問73	
	3節		

15章　命に至る悔い改めについて	1節	問76	問87
	2－6節		
16章　善き業について	1－3節		
	4－5節	問78	
	6－7節		
17章　聖徒の堅忍について	1節	問79	
	2－3節		
18章　恵みと救いの確信について	1節	問80	
	2節		
	3－4節	問81	
19章　神の律法について		問91	問39
	1節	問92、問93	問40
	2節	問98	問41
	3－5節		
		問94－問96	
	6節	問97	
	7節		
		問98－問100	問41
		問101	問43、問44
		問102	問42
		問103	問45
		問104	問46
		問105	問47
		問106	問48
		問107	問49
		問108	問50
		問109	問51
		問110	問52
		問111	問53
		問112	問54
		問113	問55
		問114	問56
		問115	問57
		問116	問58、問59
		問117	問60
		問118	
		問119	問61
		問120	問62

		問121	
		問122	問42
		問123－問125	問63
		問126	問64
		問127	
		問128	問65
		問129－問132	
		問133	問66
		問134	問67
		問135	問68
		問136	問69
		問137	問70
		問138	問71
		問139	問72
		問140	問73
		問141	問74
		問142	問75
		問143	問76
		問144	問77
		問145	問78
		問146	問79
		問147	問80
		問148	問81
		問149	問82
		問150、問151	問83
		問152	問84
〔御言葉について〕		問153	問85
		問154	問88
		問155、問156	問89
		問157、問158	問90
		問159、問160	
20章　キリスト者の自由と良心の自由について	1－4節		
21章　宗教的礼拝と安息日について	1－2節		
		問178	問98
		問179	
	3節	問185	
		問180－問182	
	4節	問183、問184	

		問186－問188	問99
		問189	問100
		問190	問101
		問191	問102
		問192	問103
		問193	問104
		問194	問105
		問195	問106
		問196	問107
	5－8節		
22章　合法的な宣誓と誓願について	1－7節		
23章　国家的為政者について	1－4節		
24章　結婚と離婚について	1－6節		
25章　教会について	1節	問64	
	2節	問62	
	3節	問63	
	4節		
	5節	問61	
	6節		
26章　聖徒の交わりについて	1節	問65、問66	
	2－3節		
		問82、問83	問36
		問86	問37
		問90	問38
27章　礼典について	1節	問162	問92
	2節	問163	
	3節	問161	問91
	4節	問164	問93
	5節		
28章　洗礼について	1節	問165	問94
	2－3節		
	4節	問166、問167	問95
	5－7節		

29章　主の晩餐について	1節 2節 3節 4－6節 7節 8節	問168 問169 問170 問171－問177	問96 問97
30章　教会の譴責について	1－4節		
31章　総会議（シノッド）と大会議（カウンシル）について	1－5節		
32章　人間の死後の状態と死者の復活について	 1節 2節 3節	問84、問85 問86 問87	 問37
33章　最後の審判について	1節 2節 3節	問88 問89 問90	 問38

（参考）Morton H. Smith, *Harmony of the Westminster Confession and Catechisms*, Southern Presbyterian Press, 1990.

聖句索引

聖句の章節の後の数字は、ウェストミンスター小教理問答の番号。

旧約聖書

ウェストミンスター小教理問答　日本キリスト改革派教会公認訳

2023年10月10日　初版発行

訳　者　日本キリスト改革派教会
発行者　渡部　満
発行所　株式会社　教文館
〒104-0061 東京都中央区銀座4-5-1 電話 03(3561)5549 FAX 03(5250)5107
URL　http://www.kyobunkwan.co.jp/publishing/
印刷所　モリモト印刷株式会社

配給元　日キ販　〒162-0814　東京都新宿区新小川町9-1
電話 03(3260)5670　FAX 03(3260)5637

ISBN978-4-7642-0041-8　Printed in Japan